EXAMEN CRITIQUE

DES DÉBUTS

QUI ONT EU LIEU CETTE ANNÉE

AU THÉATRE-FRANÇAIS.

PRIX : 1 Fr. 50 Cent.

A PARIS,

CHEZ MARTINET, LIBRAIRE,
RUE DU COQ-SAINT-HONORÉ, N°. 13.

L. G. MICHAUD, IMPRIMEUR DU ROI,
RUE DES BONS-ENFANTS, N°. 34.

M. DCCC. XV.

AVANT-PROPOS.

Les articles qui composent cette Brochure devaient paraître dans le cours des débuts dont ils rendent compte; ils ont perdu le mérite de l'à-propos; mais les Feuilles publiques auxquelles nous les destinions suffisant à peine à l'abondance des matières politiques, nous avons réuni ces articles pour les publier.

Étrangers à toute intrigue de coulisses, à toute cabale, à toute prévention, nous n'avons pour but que les progrès de l'art. Peu confiants dans nos seules lumières, c'est moins notre avis que celui des connaisseurs en titre que nous donnons ici. Des *claqueurs* à gages peuvent, à force de bruit, assourdir la saine portion des spectateurs, mais non dicter ses décisions.

Nous n'ignorons pas combien la critique, même la plus modérée, déplaît à ceux qu'elle atteint; mais, sans elle, l'héritage des Préville, des Molé, des Dangeville, etc., deviendrait la proie de la hardiesse et de la nullité.

Également ennemis de la satire et de la flatterie, la vérité seule a guidé notre plume; puisse-t-elle venger le goût et la raison, étouffés sous le fracas des applaudissements.

Si nos jugements sont sévères, il n'en faut accuser que l'incapacité de la plupart des débutants. Le critique impartial doit encourager ceux qui montrent des dispositions, et servir ceux même qui n'en montrent pas, en détruisant l'illusion qui les abuse, et les arrêtant aux premiers pas d'une carrière aussi agréable pour le vrai talent qu'épineuse pour la médiocrité.

Quinze débutants ont paru cette année sur la scène française. De ce nombre sont quatre demoiselles, filles ou sœurs de sociétaires actuels; et, contre toute espérance, leurs débuts ont été très peu satisfaisants : les talents ne sont pas héréditaires.

Le reste des débutants se compose de trois comédiens et une comédienne de province :

Un élève du Conservatoire;

Une soubrette échappée de l'Odéon;

Trois femmes, élèves de différents maîtres;

Et deux confidentes de tragédie.

EXAMEN CRITIQUE

DES DÉBUTS

QUI ONT EU LIEU CETTE ANNÉE

AU THÉATRE-FRANÇAIS.

PREMIER DÉBUT.

Mademoiselle Joly, fille de la soubrette de ce nom, dont le souvenir est si cher aux amateurs, a débuté sans annonce dans les rôles de confidentes.

Elle a paru pour la première fois dans celui d'Ismène de la tragédie de *Phèdre*, dont elle n'a pu débiter qu'une partie, à cause du tumulte arrivé à l'occasion de Mlle. Bourgoin qui jouait Aricie, et n'a pas fini la pièce.

Mlle. Joly a successivement joué divers rôles de confidentes et d'amoureuses, entre autres celui de Fanchette dans la *Belle Fermière*. Cette actrice, qui jouit de quelque réputation en province, n'a pas les moyens convenables à la scène française: sa taille est petite, sa voix grêle, sa tournure peu avantageuse, et sa figure ne rachette aucun de ces défauts. Aussi, quelqu'envie qu'on eut de favoriser en elle un nom célèbre, n'a-t-elle été que fort peu de temps au Théâtre-Français.

SECOND DÉBUT.

Mlle. Humbert a débuté dans le premier emploi tragique par les rôles suivants :

Mai, 9. Hermione dans *Andromaque*.
13. Émilie dans *Cinna*.
19. Aménaïde dans *Tancrède*.
25. Zénobie dans *Rhadamiste*.

Quatre débuts.

Mlle. Humbert avait déjà débuté aux Français l'an passé; n'ayant pas alors été jugée digne d'être admise à l'essai, elle s'est livrée à de nouvelles études, et vient de reparaître sur la scène française.

Mlle. Humbert a la taille convenable à l'emploi qu'elle a choisi, mais c'est le seul avantage qu'elle tienne de la nature. Elle n'est pas jolie, la coupe de sa figure est désagréable; sa démarche gigantesque, ses gestes outrés; sa prononciation vicieuse, sa voix rauque, sans inflexions, sans étendue, et déjà cassée par le mauvais usage qu'elle en fait. Cette débutante est de celles qui remplacent la chaleur qui leur manque par des contorsions et des cris. Sa diction est tantôt lente et monotone, tantôt emphatique, et rarement juste; loin que ses nouvelles études lui aient éte profitables, elle s'est montrée plus médiocre que dans ses premiers débuts.

TROISIÈME DÉBUT.

M. Monrose a débuté dans l'emploi des valets par les rôles suivants :

Mai, 11. — Mascarille, dans *l'Étourdi*.

15. — Frontin, dans *le Dissipateur*, et Dubois, dans *les Fausses Confidences*.

17. — Pasquin, dans *l'Homme à Bonnes fortunes*, et l'Olive, dans *le Grondeur*.

18. — Scapin, dans *les Fourberies*.

20. — Sganarelle, dans le *Festin de Pierre*, et Desmazures, dans la *Fausse Agnès*.

23. — Figaro, dans *le Mariage de Figaro*.

26. — L'Olive, du *Grondeur*, pour la seconde fois.

27. — Crispin, dans *le Légataire universel*.

30. — Mascarille, dans *l'Étourdi*, pour la seconde fois.

Juin, 6. — Sosie, dans *Amphytrion*.

Juin, 7. { Sganarelle, dans *le Médecin malgré lui.*

9. { Crispin, dans *le Légataire*, pour la seconde fois, et Figaro, dans *le Barbier de Séville.*

13. { Hector, dans *le Joueur*, et l'Olive dans *le Grondeur*, pour la troisième fois.

15. { Mascarille, dans *l'Étourdi*, pour la troisième fois.

Quatorze débuts.

Ce début, le plus brillant qu'on ait vu depuis long-temps au Théâtre-Français dans cet emploi, est venu rappeler au public que les valets devaient le faire rire.

M. Monrose est un peu petit pour la scène française; quelques-unes de ses inflexions sont traînantes et de mauvais goût; il cherche par fois des effets hors du naturel; mais sa figure est comique, ses yeux expressifs, sa physionomie mobile; il est plein d'intelligence, de verve, de mordant; il est léger, vif, adroit; sa voix est pleine, sa diction naturelle, accentuée; son jeu franc et varié.

Son talent ne nous a pas paru égal dans tous les rôles qu'il a joués: mais il nous a semblé supérieur dans *l'Étourdi*, *le Grondeur*, *le Légataire*, le *Médecin malgré lui*, *les Fourberies de Scapin*, et *Figaro*, ce personnage, tour à tour étourdi, raisonneur, insolent, amoureux, philosophe, jaloux; et s'inquiétant de l'avenir tout aussi peu que du passé, comme dit Marcelline.

M. Monrose a été comblé d'applaudissements; mais pour lui, le plus flatteur sans doute, est le rire qu'il excitait parmi ses nombreux auditeurs. Cet acteur a été demandé après le quatrième, le neuvième et le quatorzième de ses débuts. Cet honneur, trop souvent prodigué à la médiocrité, était pour M. Monrose la juste récompense du talent.

Admis après Thénard et Cartigny, comme simple pensionnaire, M. Monrose ne joue plus que très rarement; mais dès qu'il paraît, le public le dédommage de la rigueur de son noviciat par des applaudissements unanimes.

Puisse ce jeune homme ne pas se rebuter des obstacles qu'on lui oppose, et ne pas abandonner le premier théâtre de l'Europe, où son talent et le public lui assignent un rang distingué.

QUATRIÈME DÉBUT.

Mai, 24. Mlle. Gersay, succédant à Mlle. Joly, sans annonce, a paru pour la première fois dans le rôle d'Œnone de la tragédie de *Phèdre*. La débutante n'est pas riche des dons de la nature; sa voix est pleine, mais peu flexible, et par fois cassée; elle dit passablement, ses intentions sont justes; cependant elle doit se défendre de l'exagération, et savoir que les grands effets sont sévèrement interdits aux subalternes, sous peine de déplaire aux chefs d'emploi.

Mlle. Gersay est admise à l'essai.

CINQUIÈME DÉBUT.

Mlle. Mars aînée a débuté dans l'emploi des mères nobles par les rôles suivants :

Juin, 5. { Orphise, dans *la Coquette corrigée*, et Araminthe, dans *le Cercle*.

8. { La Gouvernante, dans la pièce de ce nom, et madame de Sévigné.

12. { Philaminte, des *Femmes savantes*, et madame de Sévigné, pour la seconde fois.

17. Mélanide, dans la pièce de ce nom.

21. { La Marquise, dans *le Philosophe sans le savoir*.

Juill., 20. Mélanide, pour la seconde fois.
23. Philaminte, pour la seconde fois.
29. La Baronne, de *Nanine*.

Août, 9. { La comtesse Almaviva, dans *la Mère coupable*, et Araminthe, dans *le Cercle*, pour la seconde fois.

Août, 22. { La comtesse Almaviva, dans *la Mère coupable*, pour la seconde fois.

Dix débuts.

Ces débuts ont été interrompus pendant un mois.

Mlle. Mars aînée n'est pas une novice dans son art : tout récemment encore elle vient de l'exercer en province, et jadis elle a été pensionnaire au Théâtre-Français. Un nom cher aux amis des arts l'y faisait tolérer, mais ne lui sauvait pas de fréquentes marques d'improbation de la part du public. Après avoir assez long-temps lutté contre lui, elle prit enfin le parti de se retirer, et personne ne s'en aperçut.

En se présentaut de nouveau sur la scène française, la débutante y a déployé cette assurance, cette habitude, cette pleine jouissance de tous ses moyens, qui laissent sans espérauce pour l'avenir.

Mlle. Mars aînée est grande et bien faite, mais sa tournure est sans grâces, sa démarche masculine, sa mise de mauvais goût. Sa figure est sans expression, sans profil et sans nez, son débit sans intention et sans justesse.

Il est des rôles pour lesquels, indépendamment du talent, il faut encore ce tact fin et sûr qui saisit et rassemble les traits épars, les traditions orales et écrites, les souvenirs des vieillards, et tout ce qui peut donner trace du personnage célèbre qu'il s'agit de représenter. La tâche sera d'autant plus difficile que ce personnage aura vécu plus près du temps où nous sommes, et que la fraîcheur des souvenirs qu'il laisse exigera plus de ressemblance. La difficulté sera plus grande encore si la célébrité du personnage résulte de l'esprit, des grâces, de la sensibilité, et qu'à toutes ces teintes il faille joindre ces riens fugitifs qui, bien mieux que le costume, indiquent à la fois les habitudes de l'individu et les usages du temps où il vécut. Offrir par la réunion de tous ces moyens un portrait ressemblant et animé, c'est procurer au public un plaisir dont il se montre toujours reconnaissant : c'est ce que fait Fleuri dans le rôle du grand Frédéric des *Deux Pages*; c'est ce qu'a totalement manqué la débutante dans celui de Mme. de Sévigné, qu'elle n'a pas craint de jouer sans intelligence, sans noblesse, sans grâces, sans couleur.

Elle n'a pas mieux saisi le ton, la légèreté, la futilité d'Araminthe du *Cercle*; et elle a fait une caricature de la marquise du *Philosophe sans le savoir*.

La sensibilité n'est pas non plus la qualité dominante de Mlle. Mars aînée; elle a été froide et monotone dans Orphise, Mélanide, la gouvernante. Dans la *Mère Coupable* on n'a remarqué que ses cris, ses convulsions, sa chute, et le soin qu'elle a pris de rattraper et remettre son bonnet sur sa tête au milieu de son évanouissement. Elle a aussi trouvé le secret d'être molle dans les rôles de fermeté, comme Philaminte et la baronne de Nanine; dure dans les autres, et triviale partout.

La *Mère Coupable* n'avait pas été jouée depuis la retraite de la grande Contat. La débutante l'a fait remettre comme son rôle de prédilection. Après la représentation, des amis bénévoles et quelques partisans du mélodrame ont demandé Mlle. Mars aînée : elle s'est rendue à leurs vœux ; mais cette petite ruse de guerre n'a rien changé au jugement des connaisseurs.

SIXIÈME DÉBUT.

Mlle. Devin a débuté dans l'emploi des jeunes Amoureuses par les rôles suivants :

Juil., 15. { Eugénie, dans la *Femme Jalouse*, et Charlotte, dans les *Deux Frères*.

17. { Victorine, dans *le Philosophe sans le savoir*, et Rosine, dans le *Barbier de Séville*.

19. { Chérubin, dans le *Mariage de Figaro*.

20. Isabelle, dans l'*École des Maris*.

Juill., 23. { Henriette, dans les *Femmes Savantes.*

25. { Sophie, dans le *Père de Famille,* et Angelique dans l'*Epreuve Nouvelle.*

26. Fanchette, de la *Belle Fermière.*

29. Nanine, dans la pièce de ce nom.

30. { Victorine, dans le *Philosophe sans le savoir,* et Charlotte dans les *Deux Frères,* pour la seconde fois.

Neuf débuts.

Mlle. Devin avait, dit-on, reçu à Nantes l'ordre en vertu duquel elle a débuté aux Français. Cette jeune personne, accablée de louanges, d'applaudissements, de couronnes, et surnommée la petite Mars en province, a dû trouver bien rigoureux le jugement que le public de Paris a porté de son talent. Ce jugement a même été solennellement cassé par les Nantais qui, au retour de Mlle. Devin, l'ont couronnée de nouveau pour la consoler de son peu de succès dans la capitale; ce qui ne prouve pas que Mlle. Devin ait un grand talent, mais seulement que le parterre de Nantes n'a pas formé son goût d'après les *bons modèles.*

La débutante est d'une corpulence grêle et peu gracieuse. Son grand nez n'est point en proportion avec les traits de sa petite figure. En parlant à ses interlocuteurs, elle se tient perpétuellement courbée, ce qui nuit au jeu de sa physionomie, et détruit les avantages de sa taille.

On ne peut refuser à Mlle. Devin de l'intelligence et de la sensibilité; elle possède tout ce que donne l'habitude du métier; mais son débit est toujours maniéré, tendu, sans naturel et sans abandon; sa voix est flexible et sonore, mais sans règle, et passant des sons graves aux sons aigus, en sautant les intermédiaires.

De pareils défauts sont l'opposé de la naïveté: aussi la débutante en a-t-elle été totalement dépourvue dans les rôles charmants d'Eugénie, de Fanchette, d'Angélique, de Chérubin, et surtout dans celui de Victorine. Elle a déclamé d'un bout à l'autre, sans nuance et sans goût, ceux de Nanine, d'Isabelle, d'Henriette et de Rosine.

Mlle. Devin est jeune; des avis sévères, mais sages lui seront plus profitables que les flagorneries de ses amis. Que cette Dlle. se persuade qu'il n'y a point de talent sans naturel; qu'elle sache que l'intelligence, le travail, l'habitude ne le remplacent pas; qu'elle abandonne la route vicieuse qu'elle a suivie jusqu'à présent; qu'à défaut des grands modèles qu'elle n'a pas sous les yeux, elle observe les jeunes personnes bien nées qu'offrent les lieux où elle se trouve, et qu'elle juge elle-même si le ton guindé, ampoulé est celui de la jeunese.

La plupart des acteurs, négligeant l'étude de

la nature et de la société, se font une manière dont on ne trouve le type nulle part; et cependant c'est le ton et les habitudes du monde que l'art se propose d'imiter.

Mlle. Devin a rencontré dans ses débuts un écueil où viendront échouer plus d'une tentative. L'inimitable talent de Mlle. Mars dans les *Ingénues* est toujours le point de comparaison qu'on prend, malgré soi, pour juger celles qui veulent aborder ses rôles; et la débutante a été bien mal conseillée par son amour-propre, en hasardant de jouer celui de Victorine, dans lequel Mlle. Mars est d'une perfection désespérante.

SEPTIÈME DÉBUT.

Mme. Cosson a débuté dans l'emploi des reines tragiques par les rôles suivants :

Août, 8.   Athalie, dans la tragédie de ce nom.
        13.   Sémiramis, dans la tragédie de ce nom.
        16.   Sabine, dans *les Horaces*.
Sept., 12.   Jocaste, dans *OEdipe*.
        22.   Agrippine, dans *Britannicus*.

Cinq débuts.

Cette débutante est d'une taille convenable; sa figure, sans être noble, a le caractère tragique; mais sa voix dure, voilée, rebelle à l'expression du sentiment comme à celle de la fureur, rendrait nul un talent plus formé que le sien. Les efforts que fait Mme. Cosson pour faire sortir sa voix, fatiguent également le spectateur et l'actrice, mais dès que ces efforts cessent on ne l'entend plus; à ce défaut capital, la débutante joint une médiocrité qui ne se dément jamais, et détruit toute espérance.

HUITIÈME DÉBUT.

M. de Saint-Eugène a débuté dans le premier emploi tragique par les rôles suivants:

Sept. 5.   Coriolan, dans la tragédie de ce nom.
     8.   Oreste, dans *Andromaque*.
   10.   Le Cid, dans la tragédie de ce nom.
   12.   OEdipe, dans la tragédie de ce nom.
   16.   Servilius, dans *Manlius*.

Cinq débuts.

Si nous manquions de moyens pour apprécier nos grands acteurs, la plupart de ceux qui se présentent nous apprendraient à quelle distance on peut se trouver des premiers, sans cependant être dépourvu de talent.

M. de Saint-Eugène a de la réputation en province, et la mérite sous plus d'un rapport; mais il copie trop visiblement les grands modèles; et copier n'est pas imiter. On reconnaît fréquemment dans le débutant, des poses, des inflexions et des tirades entières que l'esprit du spectateur restitue sur-le-champ aux véritables possesseurs. On reproche encore au débutant un tremblement désagréable et presque continuel dans la voix, des cris au lieu d'effets, et peu de sensibilité.

M. de Saint-Eugène est admis à l'essai pour les troisièmes rôles tragiques et comiques.

NEUVIÈME DÉBUT.

M. Philippe a débuté dans le premier emploi de la comédie par les rôles suivants :

Août, 18.   Dorsan, dans *la Femme jalouse*.
      21.   Cléon, dans *le Dissipateur*.
      27.   Don Juan, dans *le Festin de Pierre*.

Trois débuts.

Le débutant s'est long-temps distingué dans le mélodrame. Les acteurs sortis des théâtres du Boulevard conservent presque tous un certain goût de terroir qu'on reconnaît au premier abord; M. Philippe n'en a rien perdu, ni à Naples ni ailleurs. Absent de France depuis plusieurs années, il y revient prouver à la capitale que, sur la scène, une belle taille, une belle figure, un bel organe, sont de faibles avantages quand nul autre ne les fait valoir. Cet acteur est dépourvu d'intelligence, d'expression, de noblesse; son débit est de la plus mauvaise école. Il a joué Dorsan en pleureur désolé, sans réfléchir que ce mari, tourmenté depuis seize ans, serait devenu fou, s'il n'eût acquis cette résignation que donnent les peines de longue durée. Il n'a pas mieux rendu le caractère de Cléon : et dans Don Juan, le public n'a remarqué que les habits du débutant, et ses bottes jaunes avec un uniforme bleu.

DIXIÈME DÉBUT.

Mlle. Georges cadette a débuté dans l'emploi des jeunes premières par les rôles suivants :

Août, 31. { Iphigénie, dans la tragédie de ce nom, et Angélique dans *l'Épreuve nouvelle*.

Sept., 4. Zaïre, dans la tragédie de ce nom.

7. { Junie, dans *Britannicus*, et Isabelle dans *l'École des Maris*.

13. Fanchette, dans *la Belle Fermière*.

18. Agnès, dans *l'Ecole des femmes*.

23. Marianne, dans *le Tartuffe*.

24. { Iphigénie, dans la tragédie de ce nom, et Angélique, dans *l'Épreuve nouvelle*; pour la seconde fois.

Sept., 27.   Charlotte, dans *les Deux Frères.*

Oct., 5. { Henriette, dans *les Femmes savantes*, et Nanine, dans la pièce de ce nom.

12.   Nanine, dans la pièce de ce nom, pour la seconde fois.

Dix débuts.

Mlle. Georges cadette a joué en Russie l'emploi dans lequel elle vient de débuter. On ne peut donc attribuer ses défauts à l'inexpérience : elle a l'habitude de la scène, l'âge et la taille convenables à ses rôles ; c'est tout ce qu'on peut dire à sa louange.

Rien n'est plus froid que la figure de la débutante ; si ce n'est son débit lourd, traînant et pleureur, dont tous les mots sont poussés avec effort, et prononcés avec exagération, comme ceux-ci : *quouoi*, pour quoi ; *senieur*, pour seigneur ; *Lusinian*, pour Lusignan, etc. Mlle. Georges cadette a la voix faible, sourde et bornée ; son jeu est sans chaleur dans la tragédie, sans finesse ni sensibilité dans les amoureuses ; sans couleur et sans naïveté dans les ingénues. En elle rien ne part de l'ame, tout vient de la gorge ou des lèvres ; à ces défauts se joignent le vague de sa physionomie, et son impassibilité pour tout ce qui se fait autour d'elle, jusqu'au moment de sa réplique.

Dans tout le cours de ses débuts, Mlle. Georges cadette a été vivement applaudie, et qui pis est, demandée à grands cris après avoir joué Iphigénie pour la première fois; cela prouve qu'elle a mis plus de soin à préparer ses succès qu'à les mériter.

ONZIÈME DÉBUT.

Mlle. Baptiste a débuté dans l'emploi des soubrettes par les rôles suivants :

Sept., 21. { Lisette, dans *le Dissipateur*, et
Toinette, dans *le malade imaginaire*.

23. { Dorine, dans *le Tartuffe*, et
Lise, dans *les Rivaux d'eux-mêmes*.

25. Finette, dans *le Philosophe marié*.

27. Lisette, dans *la Métromanie*.

30. { Lisette, dans *la Coquette corrigée*, et
Lisette, dans *l'École des Bourgeois*.

Oct., 2. { Lisette, dans *le Méchant*, et
Théodore, dans *les Deux Pages*.

4. Nérine, dans *l'Obstacle imprévu*.

5. Martine, dans *les Femmes savantes*.

Oct., 9. { Nérine, dans *le Joueur*, et
Lisette, dans *les Folies amou- reuses*.

10. Finette, dans *les Ménechmes*.

14. { Zerbinette, dans *les Fourberies de Scapin*.

15. { Dorine, dans le *Tartuffe*, pour la seconde fois.

Douze débuts.

Chacun sait qu'une soubrette doit avoir du naturel, de la vivacité, de la finesse, de la verve, du mordant, et surtout de la gaîté : sous tous ces rapports, Mlle. Baptiste est *anti-soubrette* de la tête aux pieds.

Une haute taille, sans souplesse et sans grâces, une démarche en même temps lourde et sautillante, une figure dont le tiers au moins semble paralysé, de grands traits froids et sévères, annonçant trente-six ans, une physionomie qui fait grimacer le rire, une voix sans médium, sourde, nasillarde, qui se refuse à tout, qui éteint tout ; tels sont les moyens physiques de la débutante : et cependant, ainsi conformée, elle n'a rien trouvé de mieux à faire que de copier, autant qu'elle l'a pu, le jeu éminemment fin, léger et gracieux de Mlle. Devienne ; qu'on juge du singulier ensemble que cela devait produire !

Le père de la débutante, acteur distingué, et savant professeur de déclamation, aux soins duquel la plupart des élèves, admis sur les grands théâtres de la capitale, doivent leurs succès, M. Baptiste, n'a rien négligé pour initier sa fille aux secrets de son art; aussi, à chaque phrase que débite l'élève, reconnaît-on la manière du maître. Mlle. Baptiste a bien retenu ce qu'on lui a bien indiqué, mais elle ne fournit rien de son propre fonds, pas même des écarts.

La débutante paraît avoir entrepris la carrière théâtrale par calcul et non par entraînement. Un bon professeur peut développer les dispositions d'un élève, mais il ne les crée pas : aussi avec des intentions justes, et un débit sagement réglé, la débutante a-t-elle été méthodiquement froide et terne; elle a joué tristement les rôles gais, et lourdement ceux de fermeté; elle s'est montrée au-dessous de la critique dans la soubrette des *Folies amoureuses*, et dans celle des *Rivaux d'eux-mêmes*. Dans le page Théodore, la débutante paraissait être un homme de trente ans, affectant les airs écoliers.

Durant tous les débuts de Mlle. Baptiste, on entendait répéter dans la salle que, s'il était des rôles qui lui convinssent, ce ne pouvait être que ceux de Mme. Lachassaigne.

DOUZIÈME DÉBUT.

Mlle. Féart a débuté, dans les grandes princesses tragiques, par les rôles suivants :

Sept., 29.   Aménaïde, dans *Tancrède*.
Oct., 3.   Hermione, dans *Andromaque*.
     7.   Émilie, dans *Cinna*.
    26.   Éryphile, dans *Iphigénie*.

Quatre débuts.

Cette débutante a la taille qu'exige l'emploi des grandes princesses. Sa figure est passable et ses yeux expressifs; elle a ce qui ne s'acquiert pas, de la chaleur et de la sensibilité; mais elle est bien novice dans tout ce qui tient au métier. Cette jeune personne a besoin de régler sa diction, de corriger ses gestes, d'apprendre à marcher sur la scène, et surtout elle doit combattre sans relâche le vice de sa prononciation; à ce prix nous croyons pouvoir lui prédire des succès mérités.

TREIZIÈME DÉBUT.

M. Perlet a débuté dans l'emploi des comiques par les rôles suivants :

Oct., 4.   Crispin, dans *l'Obstacle imprévu*.
     9.   { Hector, dans *le Joueur*, et
         Crispin, dans *les Folies amoureuses*.

Oct., 10. { Le Ménechme bourru, dans *les Ménechmes*, et
Crispin, dans *Crispin rival de son maître.*

13. Figaro, dans *le Barbier de Séville.*

14. Scapin, dans *les Fourberies de Scapin.*

18. Les cinq rôles dans *le Mercure galant.*

19. { Crispin, dans *le Légataire universel*, et
Lubin, dans *Georges Dandin.*

20. { Crispin, dans *les Folies amoureuses*, pour la seconde fois.

22. L'Intimé, dans *les Plaideurs.*

24. { Crispin, dans *le Légataire universel*, pour la seconde fois, et
Blaise, dans *l'Épreuve nouvelle.*

Dix débuts.

M. Perlet n'est pas beau, et sa laideur n'est pas comique. Ses yeux sont tellement petits qu'on a peine à les apercevoir. Sa figure est plus convenable aux rôles de niais qu'à ceux de valets. Sa corpulence est grêle, sa voix est étendue et flexible, mais nasillarde, et souvent semblable à celle d'un Cassandre.

Elève de M. Baptiste aîné, le débutant dit

presque toujours juste; il a du naturel, de l'intelligence et de l'assurance, mais il manque de gaîté, de légèreté, de mordant, de nerf et de verve. Il a du penchant à la charge, et par fois des inflexions de *Poitier* et de *Brunet*.

Le talent du sieur Perlet, prôné par ses amis, admiré dans les exercices publics du conservatoire, a pâli sur la scène française. Dans le cours de ses débuts, on a rendu justice à ses bonnes qualités; mais ses défauts ont été jugés rigoureusement, parce qu'on attendait beaucoup de lui. Au total, il donne des espérances qu'un exercice de quelques années en province pourra réaliser. Maintenant, c'est un écolier abordant assez franchement le caractère de ses rôles à la première scène, mais le laissant effacer ensuite d'une manière décroissante jusqu'à la fin de la pièce.

M. Perlet s'est permis d'ajouter sa prose à celle de ses rôles; il intercale aussi des, *Eh! bien mais, ma foi, tenez, écoutez donc*, etc. dans les vers qu'il débite. Cette irrévérence envers les auteurs et le public, irrévérence familière aux mauvais comédiens, prouve leur ignorance et leur incapacité. Dans le sieur Perlet, elle prouve en outre peu de jugement dans le choix de ses modèles.

On reproche encore à ce jeune homme l'inconvenance très grave d'avoir, dans l'*Obstacle* et le *Légataire*, parodié le genre de débit du premier acteur tragique de l'Europe. Un apprenti comédien qui ne montre encore que des dispositions, doit être pourvu d'un grand fond de hardiesse pour oser se permettre une pasquinade digne des tréteaux de la foire, sur cette même scène que Talma fait retentir des plus nobles accents de la muse tragique. Cette impertinence a été applaudie à trois ou quatre reprises par les amis du débutant, qui formaient à eux seuls les trois quarts de l'auditoire peu nombreux du sieur Perlet à son dernier début. Après cette représentation, ces mêmes amis ont poussé la complaisance jusqu'à demander à grands cris le débutant, qui s'est rendu à leurs voeux.

QUATORZIÈME DÉBUT.

Mlle. Saint-Fal a débuté dans l'emploi des coquettes par les rôles suivants :

Oct. 17. { Célimène, dans le *Misantrope*, et la Comtesse, dans le *Legs*.

21. { Céliante, dans le *Philosophe marié*, et Mme. de Clainville, dans la *Gageure imprévue*.

23. { Elmire, dans le *Tartuffe*, et Silvia, dans le *Jeu de l'Amour et du Hasard*.

25. Suzanne, dans le *Mariage de Figaro*.

Oct., 28. { Julie, dans la *Coquette corrigée*, et Mme. de Clainville, dans la *Gageure imprévue*, pour la seconde fois.

30. Suzanne, dans le *Mariage de Figaro*, pour la seconde fois.

Six débuts.

Mlle. Saint-Fal est grande et bien faite, mais son maintien et sa démarche sont si singuliers, qu'on croirait ses genoux privés d'articulation. Elle a les yeux relevés à l'angle extérieur comme les Chinois : sa bouche suit le même mouvement. Elle a le nez au vent, le menton saillant, l'expression de la figure froide et dédaigneuse.

Rien de plus baroque que la prononciation gutturale de la débutante; elle est telle qu'on a peine à comprendre ce qu'elle dit. Mlle. Saint-Fal fait sonner très durement le *R* final du présent des infinitifs en *er*. Elle prononce aussi *vouderiez* pour voudriez, *brilliante* pour brillante, *aillieurs* pour ailleurs, etc. Elle ajoute un *e* muet à toute syllabe terminant un mot du genre masculin, comme *seuleu* pour seul, *mutueleu*, pour mutuel, *orgueilleu*, pour orgueil, etc.

La voix de Mlle. Saint-Fal est aigre dans le haut, et dure dans le bas. Sa diction est sèche, revêche, sans nuances, sans charme, et souvent d'une trivialité repoussante. Elle a l'œil dur; son sourire est fixe, sa physionomie sans mobilité, son rire sans gaîté.

Comme tous les enfants de la balle qui fréquentent le théâtre dès leur enfance, la débutante copie les actrices en vogue, et gâte ce qu'elle leur emprunte, sans rien fournir qui lui soit propre.

Mlle. Saint-Fal n'a pas sur la scène le ton de la bonne compagnie. Ce genre de mérite devenu trop rare au théâtre, et qu'on admire dans Mlle. Mars, est essentiel à l'emploi des grandes coquettes; pour le remplir avec succès, il faut allier la gaîté, la finesse et la grâce à la décence; à leur place la débutante a mis la hardiesse qui ne doute de rien, et l'assurance qui dit: admirez-moi.

On s'étonne peu que Mlle. Saint-Fal ait manqué le rôle de Célimène dans le *Misantrope;* ce rôle difficile exige tout l'art d'une comédienne exercée.

Le rôle de Céliante du *Philosophe marié* ne demande pas autant de moyens, mais il faut beaucoup de jugement et de mesure pour ne pas faire dégénérer les vivacités du personnage en boutades de mauvais ton. La débutante n'a pas évité cet écueil; elle n'a pas su non plus donner à Elmire du *Tartuffe* le ton de décence nécessaire pour couvrir les expressions et la situation du personnage à la fameuse scène du quatrième acte.

Mlle. Saint-Fal ne pouvait choisir des rôles plus propres à faire ressortir le vice de sa prononciation que ceux de la comtesse du *Legs*, et de Sylvia du *Jeu d'amour*. Le dialogue de Marivaux exige une grande volubilité; ces deux rôles veulent aussi de la finesse, de la coquetterie et des grâces: la débutante y a substitué la roideur et la sécheresse. Elle a manqué de gaîté, de légèreté, d'abandon dans Suzanne, du *Mariage de Figaro*. Elle a joué Mme. de Clainville dans la *Gageure*, sans intention et sans dignité. Dans la *Coquette corrigée*, les efforts qu'elle a faits pour paraître sensible n'ont pas un instant adouci l'expression de ses yeux et de sa figure. Nous insisterions moins sur les défauts de cette débutante, si le vice de sa prononciation n'était pas un obstacle invincible à tout progrès dans la carrière qu'elle vient d'essayer.

Si le talent se mesurait aux applaudissements, aucune actrice ne serait comparable à Mlle. Saint-Fal. Durant ses débuts, une légion d'intrépides *claqueurs* ne cessait de joindre les cris d'admiration aux battements de mains; l'occasion en était par fois si maladroitement choisie, qu'ils excitaient un rire général parmi les spectateurs désintéressés; souvent des *chut* improbateurs témoignaient que le bruit n'en impose point au public. Mlle. Saint-Fal avait à supporter le poids d'une réputation prématurée qu'elle n'a pas su justifier. Elle n'en a pas moins obtenu deux fois l'honneur banal d'être demandée après la représentation ; mais, en prodiguant cette faveur, on l'a rendue insignifiante. Mlle. Saint-Fal en a joui après son premier et son dernier début. La première fois, aux cris de ses admirateurs se mêlaient des voix qui demandaient Mlle. Mars, et la seconde fois, les plaisants du parterre ont demandé Vanhove, Marchand, et le souffleur.

QUINZIÈME ET DERNIER DÉBUT.

Mlle. Delatre a débuté dans l'emploi des soubrettes, par les rôles suivants :

Octobr. 24. { Lisette, dans *le Légataire universel*, et
Lisette, dans *l'Épreuve nouvelle*.

26. Lisette dans les *Folies amoureuses*.

30. Chérubin, dans *le Mariage de Figaro*.

Trois Débuts.

Si, pour être une bonne soubrette, il suffisait d'avoir de la taille, de l'assurance, et même du naturel, nous ferions sans restriction l'éloge de la débutante; mais elle prend sa voix dans la tête, son maintien et ses gestes sont disgracieux, sa diction n'est ni juste, ni réglée, et son jeu est ignoble. Elle n'a pas le nerf et l'à-plomb nécessaires aux rôles de soubrettes, et elle a joué l'étourdi, le pétulant, l'amoureux Chérubin, en écolier langoureux et maladroit.

Mlle. Delatre a besoin des leçons d'un bon professeur pour corriger ses défauts et développer ses dispositions.

FIN.

www.ingramcontent.com/pod-product-compliance
Lightning Source LLC
Chambersburg PA
CBHW060528050426
42451CB00011B/1707